Zwischen den Jahren

Geheimnis und Kraft der Raunächte

Ausgewählt und zusammengestellt
von Ilka Osenberg-van Vugt

Mit Bildern
von Barbara Trapp

Inhalt

Zwölf Nächte – Einführung	4
1. Nacht: Stille	8
2. Nacht: Frieden	12
3. Nacht: Neuanfang	16
4. Nacht: Neugier	20
5. Nacht: Der eigene Weg	24
6. Nacht: Loslassen	28
7. Nacht: Gemeinschaft	32
8. Nacht: Fülle	36
9. Nacht: Erkenntnis	40
10. Nacht: Ernte	44
11. Nacht: Dankbarkeit	48
12. Nacht: Weisheit	52

> Karg und kühl
> sind noch die Tage.
> Doch schon wächst
> am Abend das Licht.
>
> *Tina Willms*

ZWÖLF NÄCHTE

Die Zeit zwischen den Jahren, vom 24. Dezember bis zum 6. Januar, ist eine ganz besondere.

Es ist die Zeit der heiligen Nächte, oder Raunächte – 12 Nächte, die früher intensiv erlebt und mit bestimmten Ritualen begangen wurden. Nach altem Volksglauben waren diese Nächte eine Vorbereitung für das kommende Jahr. Viele Brauchtümer ranken sich um sie. In früheren Zeiten wurden sie als besonders bedrohlich und gefährlich empfunden.

Die Raunächte gehen zurück auf eine alte Kalenderzählung: Die Germanen berechneten ein Jahr aus zwölf Mondmonaten mit 354 Tagen. Verglichen mit dem Sonnenjahr fehlten am Jahresende elf Tage oder zwölf Nächte. In dieser Zeit glaubte man, dass die Gesetze der Natur außer Kraft gesetzt seien, Dämonen und Geister von Verstorbenen über den Himmel ziehen und die Grenzen zu anderen Welten offen sind. Gegen diese unheilvollen Kräfte versuchte man sich zu schützen, so gut es geht. Vor allem mit Weihrauch, Harzen und Kräutern, mit denen man Haus und Hof ausräucherte und reinigte. Raunächte waren darum auch Rauchnächte.

Wo man sich damals wappnen wollte gegen die bösen Kräfte des Jahreswechsels, gibt es heute die Sehnsucht nach einem besinnlichen Jahresausklang und -anfang. Der Wunsch nach Stille und Einkehr, nach Frieden und Innerlichkeit, der vielleicht in einer hektischen Vorweihnachtszeit zu kurz gekommen ist, kann nun Wirklichkeit werden. Eine gute Zeit auch, um das Jahr noch einmal Revue passieren zu lassen und sich neu auszurichten auf das Neue, das kommen mag. Zeit, um Belastendes loszulassen, Streit zu beenden, Ordnung zu schaffen, um unbelastet ins neue Jahr zu gehen.

Denn nach den dunkelsten Tagen im Jahr findet mit Weihnachten die Wiedergeburt des Lichts statt. Die Zeit der Dunkelheit nimmt ab, die Tage werden wieder länger. Hoffnung ist möglich.

Lassen Sie sich von ausgewählten Texten, Gedichten und Gedanken durch diese ganz besondere Zeit begleiten und schenken Sie sich inspirierende Impulse für einen erfüllten Jahresausklang und Jahresanfang.

ETWAS NEUES BEGINNT

An Weihnachten leuchtet die Ewigkeit in unsere Zeit hinein, denn diese unsere Zeit ist nun erfüllt von der Gegenwart Gottes mitten in unserer Welt. Welch ein Geschenk! Die folgenden Raunächte bedeuten im Christentum nicht etwa furchteinflößende Zeit, sondern wir können sie, als eigentliche Weihnachtszeit, frei von Weihnachtstrubel und Glühweinständen gestalten und sie als Möglichkeit zur inneren Einkehr nutzen.

In dieser Zwischenzeit spüren wir in jeder Erinnerung an das Gewesene die Vergänglichkeit. Im Blick auf das Kommende suchen wir dem Ticken der Alltagsuhr zu entgehen, unser Leben zu entschleunigen. Es sind die Tage des Ordnens, Sortierens und Abwägens, in denen etwas zum Abschluss kommt oder gebracht werden kann und etwas Neues beginnt, Zeit für eine persönliche Rückschau, zum Innehalten und zum Planen.

Ja, in dieser Schwebezeit zwischen den Jahren, in der sich Grenzen verwischen, Sterne aufgehen und ihr Licht die Dunkelheit durchbricht, ganz sanft, aber stetig, können wir uns selbst ganz nahe und dem Sinn unseres Lebens behutsam auf die Spur kommen.

Angelika Wolff

LÄNGSTE NACHT

Nacht überschattet den Tag
wächst ins Dunkel und ruht –
tief unten im nächtlichen Schoß
wird ein Funke gehütet
behutsam – bedacht
noch eine Nacht
dann wagt er zaghaft den Schritt
bis an den Horizont
zwei Tage
drei Nächte noch
dann
dann geht sein Stern auf

Eva-Maria Leiber

1. NACHT (25. DEZEMBER)

★ Wie kann ich zur Ruhe finden?
★ Was hilft mir, was hindert mich dabei?
★ Was bedeutet Stille für mich?
★ Ankommen in der Stille

LICHTER GLANZ

In jenen Tagen,
in denen das Licht ist so fern –
stellen sich tiefere Fragen
und Kerzen entzünden wir gern.

Auf unseren Alltagswegen
hetzen wir durch die Zeit –
wollen noch Freundschaften hegen,
die Welt bietet so viel Leid.

Lichter Glanz in den Städten,
Sterne verfangen im Baum –
leise wollen wir reden
über des Lebens Traum.

Rücken ein wenig zusammen,
die Welt ist so dunkel und kalt –
eben noch war doch Sommer,
die Stürme des Herbstes verhallt.

Wir gehen durch dunkle Straßen,
die Fenster sind Gärten aus Licht –
fühlen uns seltsam verlassen,
doch die Engel verlieren uns nicht.

Silvia Droste-Lohmann

MIR SELBST BEGEGNEN

Manchmal höre ich mich selbst nicht mehr in der Umtriebigkeit des Alltags. Es ist so vieles zu beachten, zu bedenken und zu erledigen. Dann verliert sich die leise Stimme in mir, die an das erinnern will, was ich brauche. Darum gönne ich mir manchmal Momente der Stille. Da gibt es nichts, das mich ablenkt von mir. Ich spüre den Boden und das Fundament, das mich trägt. Ich habe Menschen und Dinge vor Augen, die mir wichtig sind. Das verändert meine Wahrnehmung. In der Stille begegne ich mir und erkenne, was mich treibt und was mich trägt. In der Stille eröffnet sich mein Weg.

Michaela Deichl

IN RAUNÄCHTEN

Verborgen
abgedeckt von
der Dunkelheit
Erneuerung

Der Sehnsucht
nach Leben
folgen

Für eine Weile
die Wege im
Außen kappen

Nach innen
hören

Ausruhen
und Kraft
schöpfen

für die
Zeiten
des Lichts

Regine Plaß

AUSKLANG

Die Musik
des vergangenen Jahres
ausklingen lassen
bis zum allerletzten
leisen Summton

Still sein
ganz still
die Stille spüren
sich in ihr einrichten
sie genießen

Mit ihr
meine neue Musik
in mich einladen

Carola Vahldiek

ZWISCHEN DEN JAHREN

Da ist eine heilige Stille
die sich verneigt
vor dem wachsenden Licht

Da ist ein pochendes Herz
das sich bereitet
für den Abschied und Anfang

Da ist ein träumendes Wort
das sich erfüllen wird
im Festhalten an der Hoffnung

Cornelia Elke Schray

STILLE IN MIR

Und wenn noch
so viel Lärm
auf unserer Welt ist
in jedem von uns
gibt es einen Ort
an dem es so still ist
dass man sich
selber hören kann

Gabriela Paydl

2. NACHT (26. DEZEMBER)

★ Wie kann der Weg von Weihnachten ein Weg des Friedens werden?
★ Welche Fragen lassen mir keine Ruhe?
★ Wie begegne ich dem Dunkel in mir?
★ Was darf heilen?
★ Einklang mit sich selbst und anderen

FRIEDEN FINDEN

Das Herz öffnen für Liebe und Licht,
Vertrauen bewahren,
Ängste verlieren,
dem eigenen Schatten begegnen,
sich mit ihm aussöhnen
und dem Schatten der Welt.
Licht verbreiten,
Frieden stiften,
Liebe schenken,
Frieden finden im Herzen.

Annedore Großkinsky

BIS AUF WEITERES

All das,
was war
– wie auch immer wund –
aus den Händen legen,
meine Worte neben die deinen,
all das,
was sich nicht sagen lässt,
dazwischen betten,
in ein Schweigen schlüpfen,
wohlig weit genug
für uns beide –
und alles weitere
den nachwachsenden Kräften
des Herzens anvertrauen.

Isabella Schneider

LIEGT IN MIR

Das Jahr war stürmisch
jetzt braucht es einen Ruheraum
einen Raum des Friedens
und der liegt in mir –
diesen Raum gilt es jetzt zu entrümpeln
von Unzufriedenheit und Friedlosigkeit
von Verzagtheit und Angst
damit ich ins Reine komme mit mir –
dann mag ich die Stimme meines Engels
wieder klar hören: vertrau
es wird wieder gut

Eva-Maria Leiber

ENDLICH

Fragen, bohrende Fragen,
die tiefer und tiefer dringen –
bis auf den Grund.

Und auf dem Grund
liegt die Antwort,
eine Antwort, die schmerzt.
Hol sie hervor ans Licht!

Jetzt darf sich etwas schließen.
Jetzt darf es endlich heilen.

Elke Langstein-Jäger

RAUNACHTZAUBER

Die Nächte
legen wieder
den silbernen Mantel um,
unter dem alles
ruhender,
alles runder wird,
was geschehen ist
oder nicht,
und sich gar
manch verloren
geglaubter Ton
wiederfindet,
am Ende –
wenn das Jahr
sich ausatmet
hinein
ins Licht.

Isabella Schneider

ALLES IN ALLEM

Mitunter, besonders in Zeiten des Wandels, wenn etwas zu Ende geht oder neu beginnt, vermagst du für den Bruchteil von Sekunden in jedem Staubkörnchen, das mit den Sonnenstrahlen tanzt, in jedem Wassertröpfchen das ganze Universum in Miniaturausgabe zu erkennen. In einem Anflug plötzlicher Weisheit ahnst du: Alles ist in allem in Ewigkeit, und du sehnst dich nach der Fülle von Wissen, von der du sicher bist, dass es sie gibt, dir aber – noch nicht – zugänglich ist.
Dieses Wissen um das Nicht-Wissen ist zutiefst menschlich und gleichzeitig wahrscheinlich das umfassendste Wissen, das es gibt!
Bleibe stets aufmerksam, auch wenn du dich der Weisheit vermeintlich ganz nahe fühlst.
Deine Wahrnehmung ist letztlich so begrenzt wie dein Leben. Hadere nicht mit deinem derzeitigen Unvermögen, höre nie auf zu lernen und blicke voller Vertrauen in die Zukunft!
Übernimm Verantwortung für dich, deinen Nächsten, die Welt, auf der du lebst, auf der wir alle leben, denn wir alle sind nur Teil des Ganzen und doch unverzichtbar für die Gemeinschaft.
Glaube, liebe, hoffe und bleibe mutig unterwegs auf deinem persönlichen Weg zur Erkenntnis.

Angelika Wolff

IN DER DUNKELHEIT

Wie Heimat
umschließt mich das Dunkel
wie Geborgenheit

Wie eine Stille nach all den Sorgen
wiegt mich die Nacht
wie ein neues Aufatmen

Wie Heilung
gleite ich durch den Schlaf der Natur
erwache mit dem Licht
in neuer Kraft

Carola Vahldiek

Die Nacht des Neuanfangs

3. NACHT (27. DEZEMBER)

★ Welcher Same wurde durch Weihnachten gelegt?
★ Was möchte wachsen in mir?
★ Was soll neu entstehen?
★ Was hilft mir dabei? Was hindert mich?
★ Der Zukunft vertrauen

RAUM GEBEN

Unruhe macht sich in mir breit. Ich spüre Energie und Bewegung. Etwas verändert sich und fügt sich zusammen. Da entsteht etwas Neues: ein Bild, ein Gedanke, eine Melodie, ein Wort, ein Traum …

Es ist Zeit, diesem Gefühl Raum zu geben. Ich werde mutig nach vorne schauen, Neues wachsen lassen und aufbrechen. Auch das gehört zu mir. Die Zukunft verlangt ihre Chance.

Michaela Deichl

AUFBRUCH

Heute breche ich auf in ein verändertes Leben. Gestern ist vorbei.

Jeden Tag brechen wir neu auf, sind selbst verändert, und wenn auch nur ein winziges bisschen. Ich wünsche mir, im neuen Jahr häufiger die festgetretenen Pfade zu verlassen, aufzubrechen, das Neue jenseits des Ewiggleichen zu entdecken. Jeden Tag ein bisschen, und sei es nur, dass ich das Zimmer, das ich schon seit Jahren bewohne, in jedem seiner Winkel neu betrachte und vielleicht ein neues Bild aufhänge oder die Bücher anders stelle. Vielleicht, wenn wir jeden Tag die Wandlung üben, werden wir eines Tages in einem ganz und gar anderen Leben aufwachen: dem Leben, das wir uns immer gewünscht haben.

Carola Vahldiek

RUHIGE TAGE

Seit Ewigkeiten diese Nächte
zwischen den Jahren.
Übergangszeit –
Gedankenstill.
Uns selbst finden,
ausklingen lassen –
uns in nächtlichen Träumen finden –
bewusst sein.
Kurz zurückblicken
auf Licht und Schatten –
die Dinge ordnen,
für das was kommt.
Der Weg ist verschneit.
Wohin er uns führt,
werden wir sehen,
wenn wir ihn gehen.

Silvia Droste-Lohmann

WIE MAN DAS NEUE LOCKT

alle Ängste
von der langen Leine lassen,
alle Schatten
gegen den Strich bürsten,
den bitteren Staub der Erinnerung
in den Wind schütteln,
Herz und Hände
wieder frei haben
und die Dinge
so lange drehen und wenden,
dass das Licht
hindurchfahren kann.

Isabella Schneider

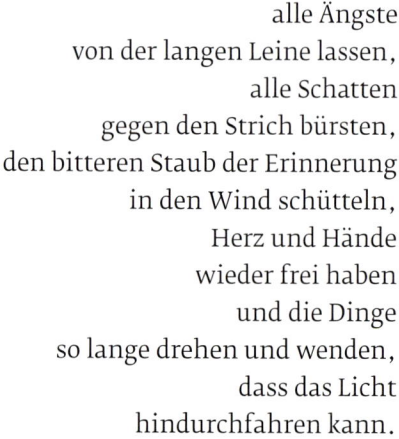

WACHSEN

die füße jucken
möchten losstürmen
es sprießen flügel
breiten sich aus
üben noch schwache muskeln
im flatterflug

etwas möchte wachsen

ich will aufbrechen
und ich werde aufbrechen
wohin, wozu und mit wem
wird der weg weisen

Maria Sassin

AUFBRECHEN

Ja, ich will aufbrechen
Hin zu Dir
Will wachsen
Um das zu werden, was ich werden soll

Du hast es angelegt
Tief in mir
Wie einen guten Samen
Der in die Erde gelegt wird

Dieses Aufbrechen schmerzt
An manchen Tagen
Lässt mich auch manchmal zweifeln
Ob mein Weg – und der zu Dir – der richtige ist

Doch mein Vertrauen
Ist gut gekeimt
Und wächst
Von Tag zu Tag

Doris Wohlfahrth

DER HOFFNUNG DEN WEG BEREITEN

Noch knistert die Zeit der kurzen Tage im Kaminfeuer,
alte Melodien steigen summend in uns empor,
während der Wind der Veränderung
Wolken wie Federbälle vor sich her treibt.
Mit leisem Tritt geht der Segensengel ein und aus,
schenkt uns Muße und Gedanken, die sich
bedächtig auffädeln, einer nach dem anderen,
während die Seele Raum zum Atmen gewinnt und
wir der Hoffnung in uns einen neuen Weg bereiten.

Angelika Wolff

Die Nacht des Neuanfangs

4. NACHT (28. DEZEMBER)

★ Wie ein Kind die Welt erleben
★ Offen und neugierig sein
★ Von Gewohnheiten abweichen
★ Mit Freude erwarten, was kommt

FÜR ÜBERRASCHUNGEN OFFEN

Neugierig bleiben,
für neue Begegnungen offen
und was das Leben für Überraschungen bereithält,
immer wieder neue Möglichkeiten erkunden.

Oft sind die Wege dabei nicht gerade,
es sind vielmehr die verschlungenen Pfade,
die wir gehen in stillen Stunden
und die uns zum Staunen bringen.

Sie schenken uns schöne Aussichten
und wundervolle Einsichten,
denn das Leben gibt uns überraschend
immer wieder Rätsel auf,
eine Würze für spannendes Gelingen.

Annedore Großkinsky

MANCHMAL FOLGE ICH MEINER NEUGIER

Manchmal folge ich meiner Neugier
öffne die Türe
spüre den frischen Wind
traue meinen Augen nicht
und werde unternehmungslustig

Manchmal folge ich meiner Neugier
flüchte aus dem Dorf
sehne mich nach der großen weiten Welt
und treffe drei Kilometer weiter
zwei nette alte Bekannte

Manchmal folge ich meiner Neugier
weiche mühsam ab von meinen Gewohnheiten
zwinge mich eine Kurve später
abzubiegen
und entdecke rosarote Mandelblüten

Manchmal folge ich meiner Neugier
nehme einen Bleistift in die Hand
kritzle Worte und Skizzen auf das Papier
und entdecke Zusammenhänge
von denen ich vorher nichts wusste

Manchmal folge ich meiner Neugier
lasse fünf Grade sein
werfe einen Blick auf das Sofa
und mache einfach nichts

Thomas Knodel

ALLE SINNE ÖFFNEN

Sehen,
als sei alles ein Anfang.
Hören,
als hättest du nie gehört.
Schmecken,
als sei es das erste Mal.

Ich wünsche dir,
dass deine Sinne
sich immer wieder
neu öffnen.
Und dir das Leben
als Wunder
entgegenkommt.

Tina Willms

SOLL KOMMEN, WAS MAG

Ich hülle meine Ängste in Zuversicht
und werfe sie bittend an den Himmel.

Ich binde meine Hoffnung an das Fallschirmchen einer Pusteblume
und vertraue sie dem Wind an.

Ich lege meine Sehnsucht auf ein Rindenfloß
und schicke es auf unbekannte Reise.

Ich trage meine Liebe eingenäht in den Saum meines Kleides
und lasse sie mir nicht abkaufen.

Ich schöpfe meinen Glauben aus der Gegenwart des Lichtes
und halte mein Antlitz der Sonne entgegen.

Ich stehe mit beiden Beinen im Leben
und gehe mutig voran!

Angelika Wolff

ZURECHTGELEGT

ein leeres schatzkästchen
die neue mütze
eine weiße leinwand
bunte farben und dicke pinsel
die lieblingsmusik
zwei dicke bücher, von freunden empfohlen
fünfundzwanzig tulpenzwiebeln
die rosarota brille
den sonnenhut für den urlaub am meer
das neue jahr kann kommen

Carola Vahldiek

5. NACHT (29. DEZEMBER)

★ Welchem Weg werde ich folgen?
★ Welche Ziele möchte ich erreichen, welche Träume verwirklichen?
★ Wo finde ich den Mut und die Kraft dazu?
★ Die eigene Spur finden

DEN GLÜCKSSPUREN FOLGEN

Mit dem Herzen kann ich spüren, wer ich bin und was ich sein will. Wenn ich nicht zu jedem „Ja" ein „Aber" suche, sondern zulasse, was gerade ist, und gehe, wohin es mich zieht. Ich spüre in mich hinein, entdecke neu die Momente des Glücks, die manche Begegnungen, Berührungen und Träume in mir hervorrufen. Sie sind es wert, festgehalten zu werden. Es sind diese Spuren, denen ich folgen möchte, weil in ihnen eine Verheißung liegt: erfülltes Leben und Wege, die ich vertrauensvoll und zuversichtlich gehen kann.

Michaela Deichl

WIE AUCH IMMER

Das Glück
findet statt,
auch weiterhin,
immerzu und irgendwo,
entgegen allem
Gemurmel und Geraune,
vielleicht nicht im großen Stil,
im Geheimen nur
und Kleinen –
aber immer groß genug,
dass es in eine Herzöffnung passt:
Das Glück findet statt.

Isabella Schneider

WEGMARKEN

ich weiß nicht
was auf mich zukommen wird
in der zukunft
doch ich weiß
dass es für mich wichtig ist
mich zu bewohnen
mein leben zu leben
mir treu zu bleiben
und ich kenne
die koordinaten
die mich immer wieder
in unterschiedlichsten situationen
einen guten weg
finden lassen
vertrauen
hoffnung
liebe

Beate Schlumberger

GEH DEINEN WEG

Geh deinen Weg.
Hab dich liebend gern.
Behalte dich im Auge.
Verliere dich nicht aus dem Herzen.
Such dich geduldig auf in deinem Versteck.
Achte deine zarte Tiefe.
Trag Sorge für dein müdes Herz.
Vergib dir in der Nacht.
Zähle die sonnigen Tage.
Teile dein Glück.
Hilf dir nach Hause.

Sei dir du.

Cornelia Elke Schray

EXODUS

ausziehen will ich
den tag zu suchen
licht und freiheit
in gerechtigkeit

entfliehen will ich
der finsternis
verächtlicher hierarchien
der ungleichheit
die lieblosigkeit meint

ausziehen will ich
mich versammeln mit all denen
die am wegrand warten
in der solidarität miteinander
werden wir neues schaffen
uns neu erleben

vielleicht müssen wir
brücken abbrechen
altgewohntes verlassen
abgelebtem entsteigen

mühe wird es kosten
tränen und schweiß
schwanken werden herz und füße
oft treibt nur der zorn voran
rührt verzweiflung an liebe

doch wir werden immer weiter bauen
an einer neuen lichten stadt
für alle

Maria Sassin

ICH WILL

vertrauen
auf das was ist
und was kommt

zweifeln
an dem was ist
und was wird

suchen und ankommen
und weitersuchen
Auf Teufel komm raus

Anne Steinwart

Die Nacht des Loslassens

6. NACHT (30. DEZEMBER)

★ Was darf kommen, was darf gehen?
★ Was kann oder muss ich zurücklassen?
★ Was kann ich loslassen, wo kann ich neu beginnen?
★ Was darf leicht werden?
★ Die Kraft der Bewegung spüren

BEREINIGUNG

Du bemerkst in diesen besonderen Tagen, dass der Fluss deiner Lebensenergie aufgestaut ist, dir deine Träume aus dem Blick geraten und Perspektiven verloren gehen?

Dann wirf Ballast ab, steige auf und komme so dem Himmel in dir ein Stückchen näher!

Die Fahrer des Heißluftballons am blauen Abendhimmel machen es dir vor, indem sie die mit Sand gefüllten Beschwerungssäcke nach und nach leeren, um höher steigen zu können.

In deinem Leben schleppst du vieles mit dir herum, das dich herunterzieht und lähmt.

Drum wirf ab die alte Haut, den Krempel, der sich in deinem Kopf und in deinem Keller stapelt, deine Seele belastet und der Leichtigkeit des Seins im Wege steht!

Zweifle überkommene Glaubenssätze an, löse dich von blockierenden Gedanken, durchbrich die Denkmuster deiner Vorurteile und befreie dich von allem Mangeldenken, das sich in sinnlosem Horten äußert.

Widme dich endlich dem, was du schon lange vor dir her schiebst, sortiere auch deine Ängste und stelle dich ihnen!

Entdecke deine Träume wieder, lass dich von deinen ureigenen Lebensthemen berühren, damit du weiter wachsen und deine Lebensziele verwirklichen kannst.

Angelika Wolff

JAHRESÜBERGANG

Annehmen und Loslassen
spülen meine Gedanken
wie reinigende Meereswellen;
im Rückschauen auf Vergangenes
darf mancher Ballast fallen,
manches Prägende leben.

Im Erwarten von Neuem
weitet sich das offene Herz,
atmet tief den Odem des Lebens
und gleitet über die Jahresschwelle
dem Kommenden entgegen –
was immer es auch sei.

Maria Sassin

INS NEUE JAHR

Den grau gewordenen Mantel
des alten Jahrs abstreifen
Neugierig
ins neue Jahr blinzeln
Sich die Augen reiben
lächeln

Mutig den ersten Schritt setzen

Carola Vahldiek

VORSATZ

Ich werde wieder
anfangen
mit dem Anfangen,
mir von wunderkugellichten
Augenblicken
zublinzeln lassen.
Ich werde wieder
Sterne sammeln,
Worte suchen,
an denen noch kein Schmerz hängt,
und all das,
was vor mir liegt,
als unberührte Weite denken,
die auf meine ersten Schritte
wartet.

Isabella Schneider

KOMMEN UND GEHEN

Ein gutes Beenden, ein frohes Beginnen.
Liegt nicht in Abschied und Anfang so viel Weisheit?
Vor einem Jahr kam ein Jahr,
jetzt geht es und macht Platz.
Ob die Zeit weiß, was sie für uns ist?
Geheimnis im Geheimen.

Herzklopfen. In den Himmel gucken. Im Dunkeln Sterne sehen.
Was auch immer kommen mag.
Loslassen und Vertrauen.
Durch die Zeiten gehen.

Cornelia Elke Schray

ABSCHIED

Ich ahne ich fühle ich weiß
was eingewohnt und vertraut
belebt und gefüllt mit Erinnerungen
steht bereit will seine Reise antreten
wo geht es hin was kommt daher
neue Tage neue Monate neues Jahr
fremd noch unvertraut
doch schon still im Herzen willkommen
begrüßt mit Hoffnung erwartet mit Dank
geschenkte Zeit gestern heute und morgen
mit einer Träne im Knopfloch
einem Lächeln im Gesicht
Abschied ist Ankunft

Cornelia Elke Schray

7. NACHT (31. DEZEMBER)

★ Wer steht mir nah?
★ Was bedeuten mir Nähe und Freundschaft?
★ Liebe wagen
★ Halt geben und gehalten sein
★ Füreinander Mensch sein
★ Das Glück des Miteinanders spüren

LEBENSFEST

Alles Glück ist Beziehung
zum Anderen
zur Welt
zu Gott
zu mir.
Aus Gemeinschaft erwächst
das Fest des Lebens.

Maria Sassin

Jedes Geschöpf ist mit einem anderen
verbunden, und jedes Wesen wird durch
ein anderes gehalten.

Hildegard von Bingen

WAGEMUT

Glauben wagen
Hoffnung wagen
Zuversicht wagen
Erwartung wagen
Einkehr wagen
Stille wagen
Sehnsucht wagen
Licht wagen
Jubel wagen
Liebe wagen
Menschsein wagen

Carola Vahldiek

FREUNDE EBEN

seele und seele
daneben

gedanken aneinander
weben

vertrauen hergeben

worte in herzen
kleben

bunteste töne
verschweben

miteinander
gebete erheben

gemeinsam
werden erleben

freunde eben

Stefanie Engelhardt

GEHALTEN SEIN

Komm Bruder
wir umarmen
die Erde
besteigen
den Berg
am Ende
der Welt
es ist schön
zu fliegen
wenn ich weiß
dass ich
gehalten bin

Peter Schiestl

ZEICHEN DER FREUNDSCHAFT

Hände, die dich halten
Füße, die mit dir gehen
Ohren, die dir zuhören
Augen, die mit dir lachen und weinen
eine Stimme, die dir guttut
ein Herz, in dem du dich geborgen fühlst

Marion Schmickler-Weber

EHRFÜRCHTIG

Aufmerksam zuhören
Ansehen statt abwerten

Lebensgeschichte achten
Eigenarten wahrnehmen

Bedürfnissen Raum geben
Sehnsucht kennen

Zuneigung spüren
Nähe zulassen

Not nicht anprangern
Schwächen wertschätzen

Macht nicht missbrauchen
Grenzen einhalten

Schwierigkeiten benennen
Konflikte austragen

Masken ablegen
Meinung nicht zurückhalten

Guten Willen würdigen
Entwicklung bemerken

Über Veränderungen staunen
Leben geschehen lassen

Almut Haneberg

HABEN

Einen, der dich stärkt.
Einen, der mit dir ist.

Einen, der dich liebt.
Einen, der dir verzeiht.

Einen für alle Fälle.
Einen für den Fall

des Falls.

Andreas Noga

ZUM GUTEN SCHLUSS

Alle
noch einmal
um einen Tisch versammeln,
die mit mir waren
nah und fern
auf vielfarbig verschlungenen
Jahrwegen,
und das Glas erheben
auf das Licht,
die Schatten
und den Stern –
unter dem
all das steht,
was kommen mag

Isabella Schneider

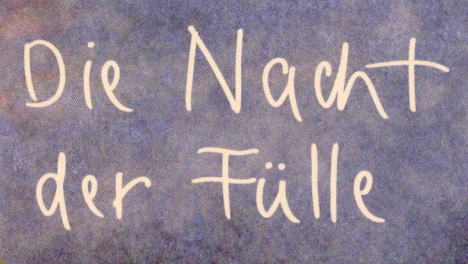

8. NACHT (1. JANUAR)

★ Das neue Jahr liegt vor uns und mit ihm alle Möglichkeiten und Verheißungen
★ Das Geschenk des Lebens spüren
★ Freude über die Fülle und den Reichtum der Schöpfung
★ Dem Wunder Raum geben

REICHTUM DER MÖGLICHKEITEN

Vor mir liegt ein Jahr. Etwas Neues hat begonnen. Verheißungsvolle Aussichten. So viele Ideen und so viele Möglichkeiten. Wie gut, noch einmal neu zu werden und das Gefühl zu haben, dass die Zukunft offen ist. Ich kann Wege entdecken und einschlagen, oder an ihnen vorübergehen. Es hat etwas Magisches, dass nichts festgelegt scheint. Die ganze Fülle des Lebens und der Reichtum der Möglichkeiten breiten sich vor mir aus. Neues Land betrete ich. Voller Freude, dass alles möglich scheint. Ich strecke die Hände aus und gehe beschwingt. Der Fülle entgegen.

Michaela Deichl

WORAUF WARTEST DU?

Nimm das Jetzt
fest in die Hände
wie eine reife Frucht,
beiß hinein,
kaue die Süße,
den leicht bitteren Hauch.
Genieße, was da ist,
dann öffne deine Hände,
lass los den Augenblick
und erfasse den neuen
in all seiner Fülle.

Maria Sassin

FÜLLE DES LEBENS

Fülle erleben,
in Farben und Düften baden,
es sich gut gehen lassen,
sehr gut gehen lassen,
das Leben genießen,
sich das Beste heraussuchen,
glücklich sein,
lachen und jubeln,
den Winter vergessen,
sich über den Sommer freuen
und über die blühenden Blumen,
selber blühen wollen,
wachsen wollen,
gedeihen wollen,
groß und schön werden wollen,
alles überstrahlen wollen,
die Welt umarmen,
Liebe geben,
Liebe empfangen,
im Überfluss leben,
jeden Augenblick genießen,
ganz bei sich selbst sein
und ganz bei den anderen,
sich alles zutrauen,
alles möglich machen,
leicht werden,

abheben!

Ute Latendorf

UNAUSGEPACKTES GESCHENK

ein neues jahr
liegt vor mir
wie ein großes
unausgepacktes
geschenk

ich darf
gespannt sein
offen sein
mich freuen

ich will ihm
vertrauensvoll
offen
achtsam
entgegengehen

ich will
seine geschenke an mich
wahrnehmen
entgegennehmen
wertschätzen

Beate Schlumberger

ELEMENTARE WÜNSCHE

Mögest dich *erden*, neue Wege beschreiten, mit nackten Füßen
und klopfendem Herzen dir selbst treu auf der Spur bleiben

Mögest *eintauchen* in das wundersame Wasser des Lebens oder
zumindest das bewässern, was durstig ist in dir und verdorrt

Mögest *lüften* deinen Gedankenkasten, mit frischem Wind aufschütteln,
was muffig geworden ist und rütteln an sinnlosen Gewohnheiten

Mögest *befeuern* deinen Mut, deine Zuversicht und kräftig schüren
deine Ideen zur reinigenden Umgestaltung des Inneren wie des Äußeren

Mögest dein eigenes Thema finden, deine Lebensmelodie, deine Bestimmung
und freudig ganz du selbst sein ... in deinem Element

Angelika Wolff

FREUDE IST

Freude
ist
ein Fest
im
Augenblick

Stefanie Engelhardt

IN DIESER NACHT

Der Furcht den Rücken kehren.
Der Hoffnung Vertrauen schenken.
Der Freude entgegen singen.
Der Dankbarkeit einen Namen geben.
Dem Licht folgen dahin,
wo Himmel und Wüste sich umarmen.
Dem Segen dessen vertrauen,
der nichts als Liebe bedeutet.
Dem Wunder Raum geben in dir.

Angelika Wolff

9. NACHT (2. JANUAR)

★ Wer bin ich? Wer will ich sein?
★ Den Blick nach innen richten und auf die innere Stimme hören
★ Der eigenen Kraft vertrauen

FRAGEN UND WÜNSCHE ZUR SELBSTERKENNTNIS

Die Schleier zwischen den Welten so hauchdünn wie selten, jeder Herzschlag eine persönliche Ermunterung, deinem Inneren mehr Vertrauen zu schenken und Fragen zulassen zu können, die aus der Tiefe beständig nach oben drängen:

Woher komme ich? Mit wem oder was bin ich verbunden? Was trägt mich durchs Leben?

Wo brauche ich Stärkung? Wie gehe ich mit meinen Gefühlen um?

Kann ich die sein, die ich insgeheim sein will und weiß ich das überhaupt?

Oder muss ich zuerst einmal lernen, mich zu öffnen, Ordnung zu schaffen, abzuwerfen, was mich lähmt oder beschwert?

Ein Neubeginn auf der Schwelle zwischen gestern, heute und morgen, das hieße tatsächlich, wann, wenn nicht jetzt deine Möglichkeiten endlich zu umarmen und dich bereit zu machen für Neues!

Der Mut dazu liegt wie ein schlafender Keim in dir selbst. Dass er täglich an Kraft gewinnen, wachsen und gedeihen möge, das wünsche ich dir.

Angelika Wolff

NICHT ENGER, WEITER LEBEN!

Dich leer atmen um das Vergangene,
dich hinein tasten in neue Lebensräume.

Dich heraus schälen aus deiner alten Haut,
dich einschmiegen in den Winterflausch.

Dich einlesen in die Geheimnisse des Herzens,
dich auslesend trauen, Überflüssiges loszulassen.

Dich aussetzen der Veränderung,
dich einsetzen für anstehende Erneuerungen.

Dich üben in den vielfältigen Möglichkeiten des Seins.

Angelika Wolff

VERBUNDENHEIT

Siehst du mein Ringen um Licht, Himmel?
Kennst du mein Sehnen nach Liebe, Rose?
Begreifst du die Tiefe meiner Schatten, Engel?
Hörst du mein zitterndes Weinen, Gott?
Bist du in meinem herzlichen Lachen, Amsel?
Hörst du mein inniges Hoffen, Erde?
Verstehst du mein fragendes Suchen, Wald?

Erst in der Verbundenheit mit allem,
werde ich
ich.

Cornelia Elke Schray

WER BIN ICH?

Ich bin die Summe meiner Tage.
Das Vergehen meiner Jahre.
Um das Kind, das ich war, herumgewachsen.
Geborgen und aufgehoben.

Ich bin das Raunen meiner Seele.
Die Lebendigkeit meines Tuns.
In die Sonne, die mir scheint, ganz eingetaucht.
Geheilt und gehalten.

Ich bin das Pochen meines Herzens.
Das Leuchten meiner Buchstaben.
Aus der Sehnsucht, die mir blüht, geworden.
Getragen und umsorgt.

Ich bin, die ich war. Ich bin, die ich bin.
Ich bin, die ich werde.
Mir ist nicht bang ...

Cornelia Elke Schray

FRIEDLICHE ZEITEN

Hab mich inzwischen
mit mir angefreundet,
auch mit meinem Namen
und den vielen
angestoßenen Ecken.
Es gab Zeiten, da
wollte ich aus meiner Haut,
wollte Einer sein,
selbstbewusst und tüchtig,
immer wissen,
wo's lang geht.
Hab mich angefreundet
mit mir und
meinen Fragezeichen.

Anne Steinwart

10. NACHT (3. JANUAR)

★ Worauf darf ich stolz sein?
★ Was hat mich zu dem gemacht, der/die ich bin?
★ Was kann ich besonders gut?
★ Welchen Samen will ich neu setzen?
★ Was darf sich weiter entfalten?

FÜLLHORN DER ZEIT

In meinem Leben ist so vieles gewachsen und hat sich entfaltet. Dankbar bin ich für all das Schöne und Wahrhaftige, das in der Erinnerung an mir vorüberzieht. Beziehungen und Begegnungen, Gefühle und Bilder. Auf das, was geworden ist, schaue ich gelassen und mit einem Lächeln. Aus dem Füllhorn meiner Zeit kann ich nun Neues aussäen, getragen von dem, was ich erlebt habe und ernten konnte.

Michaela Deichl

GARTENWUNDER

Gesät hab ich, stolz auf mein Tun,
nun darf ich voller Hoffnung ruhn,
und einfach sein –
nur Gott allein
lässt geschehen die Wunder,

lässt wachsen und erblühen,
denn alle meine Mühen
erwecken doch das Leben nicht,
das aus der dunklen Erde bricht –
still schaue ich das Wunder.

Maria Sassin

ERNTEZEIT

Die Sonne übergießt alles mit wärmendem Licht, reinstes Gold –
für einen Moment innehalten,
mit geschlossenen Augen diese Weite und das Glück empfinden,
es tief sinken lassen, bis auf den Grund der Seele.

Silvia Droste-Lohmann

RÜCKBLICK

Dankbar sein
für das vergangene Jahr
dafür, dass ich immer noch gesund bin
dafür, dass ich immer genug zu essen hatte
und ein warmes Zuhause

Wissen, dass viele dies nicht haben
tun, was in meiner Macht steht
damit sich dies ändert

Im nächsten Jahr
froh zurückblicken
auf all die Hoffnungsfunken
die ich setzen konnte

Carola Vahldiek

SAMMELN

ernten in fässer und scheunen
des jahres reichen ertrag
zusammenklauben
die frucht der felder
das zerstreute einholen
auch in mir

mich sammeln
unruhige gedanken bündeln
alltagshektische seelenstücke
zusammenführen, sortieren
spreu vom weizen trennen
das gute korn bewahren
still und dankbar werden
das lächeln der sonne spüren

meine ernte betrachten
und dann genießend
dem winter entgegengehen

Maria Sassin

WILLKOMMEN

In jedem
neuen Jahr
steckt viel
Überraschendes
Spannendes
Ungewisses

öffnen wir
unsere
Herzenstür
und unsere
Seelenfenster
ganz weit

damit
seine Fülle
sein Zauber und
sein Segen
in uns wurzeln
sich entfalten
und blühen

Marion Schmickler-Weber

SEELENGÄRTNERN

In meiner Seele
ein neues Bäumchen pflanzen
oder auch nur
das Zwiebelchen eines Schneeglöckchens setzen
für neue Früchte
oder Zuversicht, dass wieder ein Frühling kommt

In meiner Seele
das Blühen und Wachsen beobachten
neue Freude empfangen
und neue Kraft

Carola Vahldiek

11. NACHT (4. JANUAR)

★ Wofür bin ich dankbar?
★ Gab es schwere Erfahrungen, durch die ich neue Erkenntnisse gewinnen konnte?
★ Dankbar sein, auch für kleine Dinge
★ Sich mit der Schöpfung verbunden fühlen

HERR, ICH DANKE DIR

Ich danke Dir für das Leben, das Du mir gegeben hast,
fröhliches Abenteuer in Deiner bunten Welt.
Ich danke Dir für den Tod, der kommen wird,
um mir Ruhe und ewigen Frieden zu bringen.
Ich danke Dir für die täglichen Freuden,
für Lachen, Lieben, Tanzen und Fröhlichsein.
Ich danke Dir für die täglichen Schmerzen,
denn durch sie kann ich wachsen und reifen.
Ich danke Dir für die guten Freunde,
die mich liebevoll begleiten auf meinem Weg.
Ich danke Dir für die Fremden und Andersdenkenden,
denn durch sie bleibe ich offen und lebendig.
Ich danke Dir für Frühling und Sommer,
für die wärmende Sonne und die blühenden Blumen.
Ich danke Dir für Herbst und Winter,
für die Sehnsucht nach Licht, die in mir lebt.
Ich danke Dir für die guten, glücklichen Tage,
voll Vertrauen und Hoffnung und Zuversicht.
Ich danke Dir für die schweren, traurigen Tage,
denn sie machen mich still und führen zu Dir.

Ute Latendorf

VOM UNTERWEGSBLEIBEN

Es gibt sie
diese hellen Tage
die mich mit einer
Aura von Licht
versehen

Tage die mir
etwas von der
Strahlkraft
zuteil werden
lassen die nach
innen und
außen wirkt

Tage an
denen in alle
Richtungen
spürbar ist
Dinge können
gelingen

Auf diese Tage
besinnen
immer wieder
gegen alle
Dunkelheit

Regine Plaß

FÜR ALLES EIN DANKE

Danke zu sagen,
ist die einfachste Art,
sich bewusst zu machen,
dass nichts im Leben selbstverständlich ist.

Annedore Großkinsky

WENDEPUNKTE

Danke
für das Licht, das am Morgen
den schwarzen Balken der Nacht
hinter den Horizont schiebt.

Danke
für den rauhen Ruf einer Elster,
der mich aus den Gedanken reißt
und meinen Blick leitet
in Richtung Himmel.

Danke
für das Klingeln an der Tür,
das eine Begegnung einläutet,
die mir neuen Mut verleiht.

Danke
für die kleinen Wendepunkte
mitten im Alltag,
die meine Hoffnung nähren
auf Licht und Farben und Leben.

Tina Willms

EIN BAD WIE KEIN ANDERES

ein Bad nehmen
in einer großen Wanne
voll goldener Dankbarkeit
die ich heute
sammelte in jedem stillen Augenblick

ein Bad nehmen
im Dank für den milden Sonnenstrahl am Morgen
den leckeren Apfel zum Frühstück
die warmen Socken, die vor dem Wind schützen
das Fahrrad, das mich zuverlässig
von einem Ort zum anderen trägt

baden im Dank
für ein freundliches Lächeln der Kassiererin
den netten Herren, der meinen heruntergefallenen
Handschuh aufhob
die zugewandte Ärztin, die Zeit für mich hatte
den Duft, der aus der Bäckerei strömte
die Spatzen, die im Gebüsch tschilpten

meine Dankeswanne füllen
mit der Freude über die heiße Suppe, als mir kalt war
und das Schokoladenstückchen zum Nachtisch
die Wärme meiner Wohnung
den lieben Anruf, den ich von einer Freundin bekam
die gesegnete Stille am Abend
das Licht der Kerze

jeden Augenblick des Dankes
fülle ich mir heute wie in einer Wanne
in der ich wohlig baden kann vor Glück

Carola Vahldiek

LEISE UND LAUT

Glück
ist laute Freude

Leise Freude
ist
Dankbarkeit

Stefanie Engelhardt

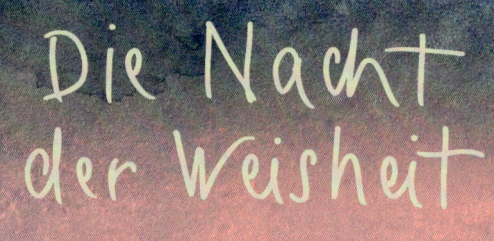

Die Nacht der Weisheit

12. NACHT (5. JANUAR)

★ Welche Erkenntnisse nehme ich mit ins neue Jahr?
★ Was habe ich gelernt?
★ Was lernen andere von mir?
★ Was wird bleiben von Weihnachten?

WAS MEIN HERZ BEWEGT

Beim Blick auf Vergangenes erkenne ich, was mein Weg mich gelehrt hat. Manches habe ich aus Gesprächen und Begegnungen mitgenommen. Vieles ist flüchtig, wandelbar und veränderlich. Ich lenke den Blick auf das, was bleibt, von all den Tagen und Stunden, die vergangen sind. Es ist das, was mich geprägt hat, was mein Leben trägt und was mir Hoffnung schenkt. Wenn ich zurückschaue, dann ziehe ich die meiste Kraft aus dem, was mir gelungen ist, was mich glücklich gemacht und was mein Herz bewegt hat. Daran will ich mich erinnern!

Michaela Deichl

DIE ERSTE SEITE

Alles auf Anfang
Zauberblick
und Staunen:
Das Leben –
wieder eine Wundertüte,
voll gepackt
bis obenhin
und ich selbst
auf einmal
der mögliche Anfang
von allem Möglichen

Isabella Schneider

DAS GESCHENK

Manches lässt sich nicht begreifen,
wächst und nimmt sich seine Zeit.
Was du liebst, wird in dir reifen,
lässt sich vielleicht von dir greifen
und liegt als Geschenk bereit.

Vielleicht wird dein Herz dann größer
und die Augen klar und hell.
Wirst vielleicht ein Herz dir fassen
und dich neu berühren lassen
mit dem Ja zu diesem Quell?

Leicht will es dich dann berühren.
In der Leichtigkeit liegt Kraft.
Will dich gern zu Neuem führen.
Gegenwärtig kannst du spüren,
was es Frohes in dir schafft.

Thomas Knodel

SCHRITT FÜR SCHRITT

dass immer noch die Sonne scheint
und Sterne nachts am Himmel stehen
dass noch immer Blumen blühen
und Vögel singen
und Kinder kommen und alte gehen
dass sich die Erde weiter dreht
ganz ohne mich
das macht mich froh
und
dass alles weiter so geschieht
wenn ich schon lange nicht mehr bin
dieser Gedanke
führt mich Schritt für Schritt
zur Weisheit hin

Eva-Maria Leiber

VERMÄCHTNIS

Welche Worte
will ich sagen,
die weiterklingen?
Ich warte nicht länger.
Ich sage sie heute.

Welche Spur
will ich legen,
die erzählen wird von mir?
Ich warte nicht länger.
Ich lege sie heute.

Welche Pflanze,
die ich säe,
wird sich wiegen im Wind?
Ich warte nicht länger.
Ich säe sie heute.

Was wird bleiben,
wenn ich gehe?

Was vermache ich
Menschen und Erde?

Tina Willms

BLEIBEND

alles
ein Werden

kommt
wird
ist
ist sein
und geht

alles

was kam
wurde
war
war sein
und ging

was war
bleibt

Stefanie Engelhardt

Mit Texten von:
Hildegard von Bingen: S. 33. **Michaela Deichl:** S. 10, 17, 25, 37, 45, 53 © bei der Autorin. **Silvia Droste-Lohmann:** S. 9, 18, 46 © bei der Autorin. **Stefanie Engelhardt:** S. 34, 39, 51, 55 © bei der Autorin. **Annedore Großkinsky:** S. 13, 21, 50 © bei der Autorin. **Almut Haneberg:** S. 35 © bei der Autorin. **Thomas Knodel:** S. 22, 54 © beim Autor. **Elke Langstein-Jäger:** S. 14 © bei der Autorin. **Ute Latendorf:** S. 38, 49 © bei der Autorin, www.utelatendorf.de. **Eva-Maria Leiber:** S. 7, 14, 54 © bei der Autorin. **Andreas Noga:** S. 35 © beim Autor. **Gabriela Paydl:** S. 11 © bei der Autorin. **Regine Plaß:** S. 10, 50 © bei der Autorin. **Maria Sassin:** S. 18, 27, 30, 33, 37, 45, 46 © bei der Autorin. **Peter Schiestl:** S. 34 © beim Autor, www.peterschiestl.de. **Beate Schlumberger:** S. 26, 38 © bei der Autorin. **Marion Schmickler-Weber:** S. 34, 47 © bei der Autorin. **Isabella Schneider:** S. 13, 14, 18, 25, 30, 35, 53 © bei der Autorin. **Cornelia Elke Schray:** S. 11, 26, 31, 31, 42, 43 © bei der Autorin. **Anne Steinwart:** S. 27, 43 © bei der Autorin. **Carola Vahldiek:** S. 11, 15, 17, 23, 33, 46, 47, 51 © bei der Autorin, www.lichtgedicht.de, **Tina Willms:** S. 4, 22 © bei der Autorin; S. 50, 55 aus: dies., Zwischen Abschied und Anfang. Ein Begleiter durch die Passions-und Osterzeit, Neukirchener Verlagsgesellschaft 2020, © bei der Autorin. **Doris Wohlfarth:** S. 19 © bei der Autorin. **Angelika Wolff:** S. 6, 15, 19, 23, 29, 39, 41, 42 © bei der Autorin.

Zur Künstlerin:
Umschlagbild und die Bilder im Inhalt sind von **Barbara Trapp**. Sie ist 1950 in Leipzig geboren. Nach einem Studium an der Hochschule für Kunst und Design „Burg Giebichenstein" in Halle/Saale war sie wissenschaftliche Mitarbeiterin im Modeinstitut der DDR in Berlin (Bereich Modeforschung). Später war sie zunächst Lehrbeauftragte, anschließend wissenschaftlich-künstlerische Mitarbeiterin an der Hochschule der Künste Berlin (Fachbereich Design). Seit 1987 ist sie freiberuflich tätig. Sie wohnt und arbeitet in Bad Krozingen. Weitere Informationen unter www.bt-kunst.de

Alle Rechte vorbehalten
© 2021 Verlag am Eschbach
Verlagsgruppe Patmos in der Schwabenverlag AG, Ostfildern
Im Alten Rathaus/Hauptstraße 37
D-79427 Eschbach/Markgräflerland

www.verlag-am-eschbach.de

Gestaltung und Satz: Angelika Kraut, Verlag am Eschbach
Kalligrafie: Ulli Wunsch, Wehr
Herstellung: Grafisches Centrum Cuno GmbH & Co. KG, Calbe
Hergestellt in Deutschland
ISBN 978-3-86917-865-3

 Dieser Baum steht für umweltschonende Ressourcenverwendung, individuelle Handarbeit und sorgfältige Herstellung.

Für die Verlagsgruppe Patmos ist Nachhaltigkeit ein wichtiger Maßstab ihres Handelns. Wir achten daher auf den Einsatz umweltschonender Ressourcen und Materialien.
Gedruckt auf Arto Satin Bilderdruckpapier, zertifiziert mit dem EU Ecolabel.
Als Einbandmaterial wurde Nautilus classic verwendet – ein 100 Prozent recyceltes Papier aus 100 Prozent Altpapier – ausgezeichnet mit dem blauen Umweltengel, EU Ecolabel und FSC-zertifiziert.